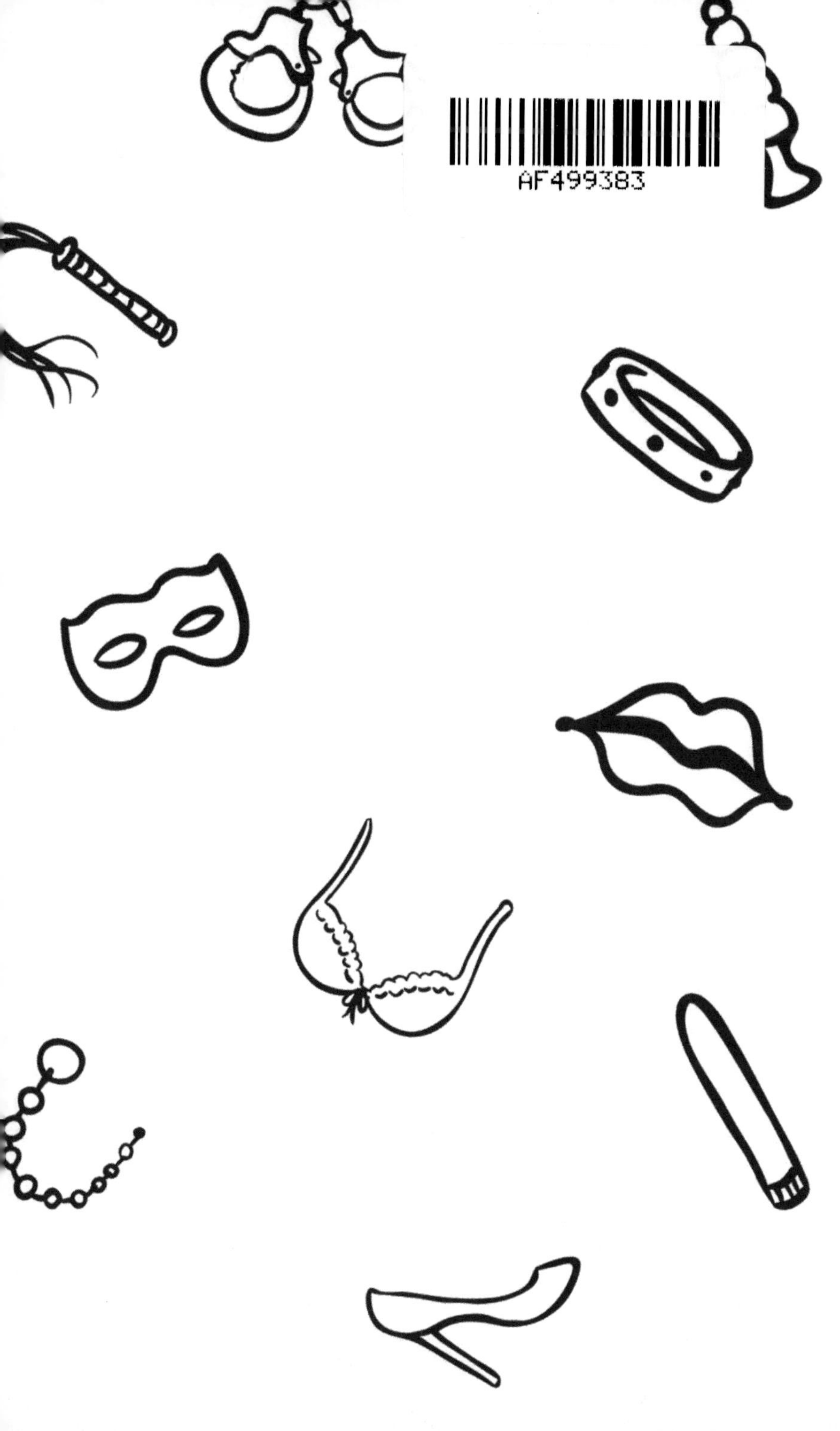
AF499383

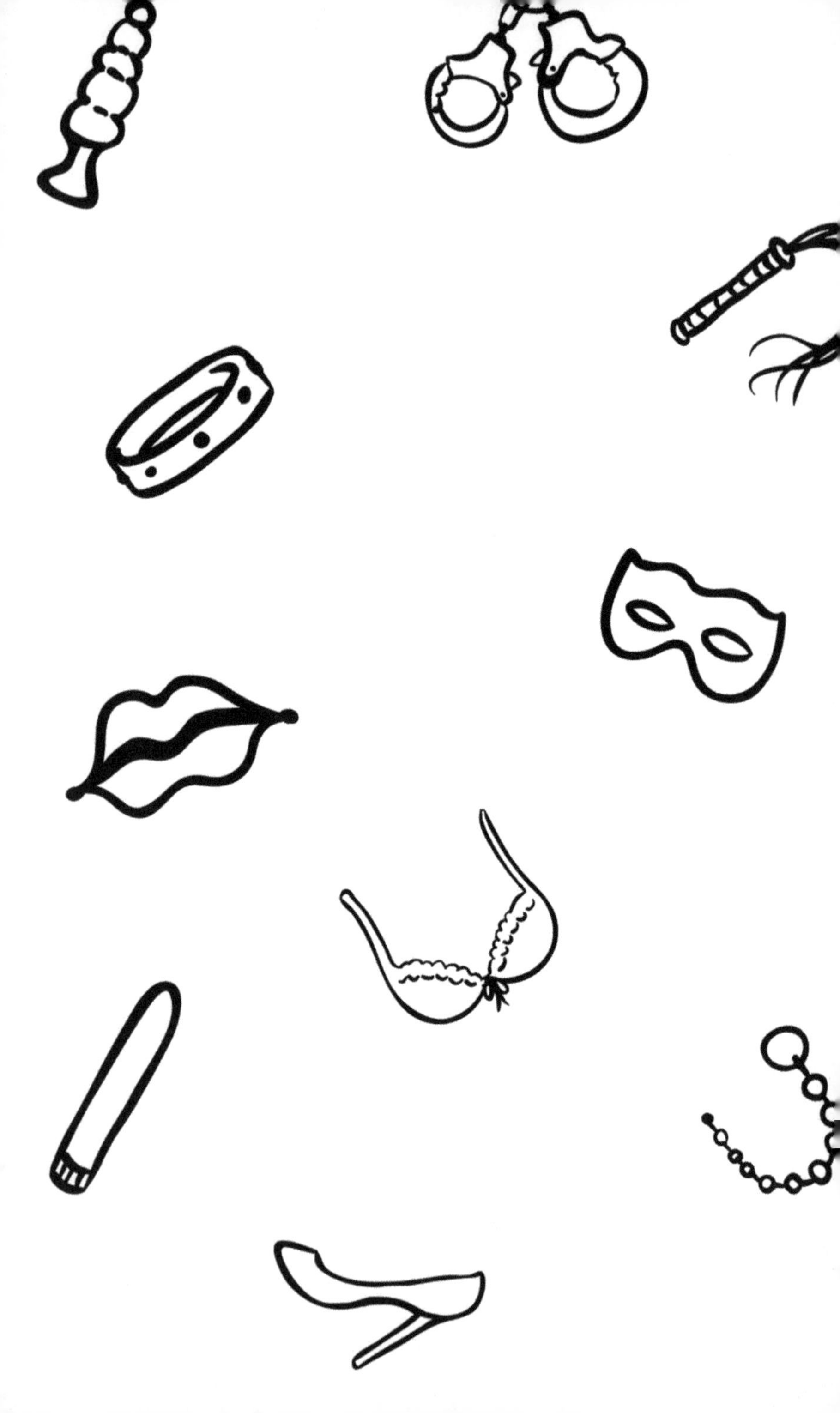

SAN SATISFAYER

Bendito tū eres entre todos los placeres

written by

Miss Satisfayer

Este libro no podrá ser reproducido, distribuido o realizar transformación de la obra, ni total ni parcialmente, sin el previo permiso de la autora. Todos los derechos reservados.

Título original: **San Satisfayer**
Autora: **@miss.satisfayer©, junio 2023**
Diseño de la portada: **Amparo Tárrega**
Imagen de la portada: **Freepick**
Maquetación: **Amparo Tárrega**

A mis amigas, por esas
noches interminables.

A mi marido, por querer descubrir
conmigo los placeres del Satisfayer
y no morir en el intento.

¡Satisfacción garantizada! El manual para mujeres: Anécdotas divertidas y consejos experienciales.

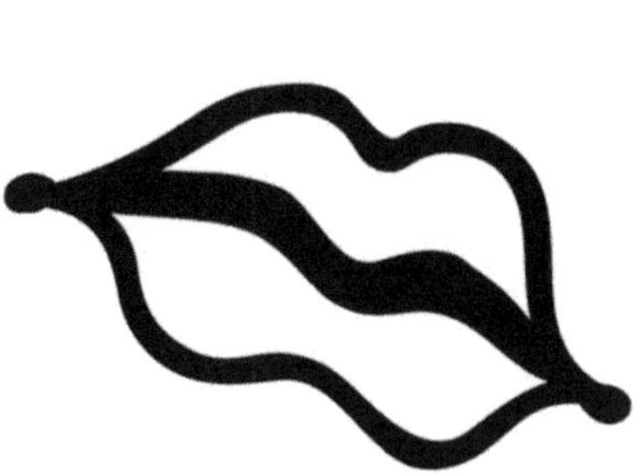

Introducción

Descubre el fascinante mundo del Satisfayer

¡Querida lectora! Has elegido el libro perfecto para descubrir el fascinante mundo del **Satisfayer**, ese juguete revolucionario que ha llevado la satisfacción sexual femenina a nuevas alturas. Pero este no es un manual aburrido y técnico. No, señor. Aquí encontrarás una mezcla de humor, anécdotas en primera persona y valiosos consejos, todo envuelto en un tono ligero y divertido. Prepara tus sentidos para una lectura llena de risas, autodescubrimiento y placer.

1

Bienvenida al mundo del Satisfayer!

Aquí es donde te presento al protagonista de nuestra historia: el Satisfayer. Te contaré cómo descubrí este juguete mágico y cómo cambió mi vida. Te aseguro que no podrás dejar de reírte mientras describo los momentos torpes e hilarantes que viví al comenzar mi travesía con el Satisfayer.

¿Comenzamos?

En mis veinte años de matrimonio y un hijo, creía que era una máquina follando con mi marido, y que siempre tenía orgasmos (o eso creía yo...), hablando alto y claro.

¡Qué equivocada estaba!

Siempre creí que tenía una vida sexual muy activa y buena, en mis cuarenta y tres años, nunca imaginé que estaba tan equivocada. Siempre he sido una persona que busca momentos para escaparse con su marido y planear fines de semana románticos y sexuales (je, je), sin tener que estar pendientes de los niños, en un ambiente relajado y predispuestos a pasar un par de días encerrados en una habitación. ¿Suena bien, ¡eh!? Pues sí, la verdad es que este sistema nos ha funcionado y siempre hemos mantenido la llama del amor encendida (je, je). Es muy importante tener tus momentos de intimidad y si puede ser lejos de tu entorno familiar, mucho mejor. Parece una tontería, pero a mí, mi casa llena de niños, pues la verdad es que no me pone mucho, ¿a vosotras sí? Si quieres, llámame frígida o pija porque me gusta follar en hoteles de lujo, a ser posible con jacuzzi incluido y servicio de bar las veinticuatro horas (je, je).

Después de muchos fines de semana románticos y sexuales, llega un momento en el que ya no tiene más cabida la imaginación. ¿Os ha pasado? A mí sí, entonces empiezas a experimentar con juguetes sexuales, pero la verdad es que los vibradores y pollas de silicona no me ponían para nada, los encontraba aburridos y me hacían el efecto contrario: más seca que una uva pasa. Aparte de lo caros que son los juguetes eróticos, encima se pasaban más tiempo en una bolsa en el armario, olvidados de la mano de Dios. ¡Amén!

Recuerdo el día que vi la publicidad del Satisfayer y pensé: «¡Vaya cuentarollos!» Un orgasmo en dos minutos, seguro que sí, sí, ejeeem... **«THE NEXT SEXUAL REVOLUTION!»**. ¡¡Anda, hombre!! Vaya manera de engañar a las mujeres para sacarnos el dinero. Esto es para solteronas y aburridas en casa. Sin embargo, caí en la tentación como Eva en el paraíso. Qué equivocada estaba: es el dinero mejor invertido en toda mi vida, y eso que tengo que confesar que lo compré en AliExpress, lo sé...

La verdad es que hay muchas anécdotas divertidas en relación con el Satisfayer, siempre alguna amiga tiene alguna para explicar. Como mi amiga Laura, a quien su marido le regaló uno y se le olvidó modificar la dirección en Amazon, y llegó a casa de sus padres. Ya te puedes imaginar la cara de la suegra de mi amiga Laura cuando abrió el paquete pensando que era para ella: entre confusión y vergüenza ajena... Suerte que le coló que era un aparato para la limpieza del cutis, que hacía masajes faciales, succionaba la piel y quitaba las arrugas. ¡Madre mía, como algún día vea un anuncio del Satisfayer!

Bueno, a mí me pasó una tan buena que aún me río. Fue en una de nuestras escapadas románticas. Cruzábamos el charco para pasar un fin de semana en nuestra isla bonita. Esa vez me lo había currado mucho, toda una sorpresa para mi marido. En mi maleta puse dos disfraces que compré para divertirnos en la habitación: yo, de policía sexy, y para él, de preso, con sus esposas de plástico, pistola, porra y, cómo no, mi Satisfayer. Qué vergüenza pasé, y qué ataque de risa, cuando en el control de maletas se acercaron dos guardias civiles jovencitos, guapetones, vamos, unos yogurines, porque mira que el cuerpo de la Guardia Civil parece un castin de *Hombres y mujeres y viceversa*. La verdad es que son todos muy guapetones. Bueno, vamos a lo nuestro... Justo cuando saqué la maleta de la cinta, me pidieron muy amablemente que la abriera, dado que llevaba unas esposas y una pistola, que ellos ya sabían que eran de plástico, pero resulta que está prohibido llevar ese tipo de cosas en el equipaje. Pues, chicas, ya lo sabéis: no lo hagáis nunca (je, je). Luego lo vi publicado en Internet.

IMPORTANTE: Si aparecen unas esposas en el escáner del aeropuerto, aunque sean de plástico y cubiertas de peluche, seguramente tendrás que abrir tu maleta y dar una explicación creíble.

Total, que tuve que abrir mi maleta, y mi marido con los ojos como platos porque no entendía nada de lo que pasaba. Empezaron a sacar las esposas, los disfraces, la pistola y, cómo no, mi Satisfayer. Se les escaparon unas risitas y, con toda naturalidad, yo les dije que nos habían fastidiado el finde romántico sorpresa que le había preparado a mi marido para nuestro aniversario de boda. Con otras risitas, nos dijeron que lo disfrutásemos, pero que la próxima vez sin pistolitas ni esposas. La situación fue inolvidable, seguro que hemos sido la comidilla en todas sus reuniones de familia y amigos.

Ahora me acuerdo de una muy buena. Una amiga, no diré su nombre, cuando probó por primera vez el Satisfayer, no leyó las instrucciones y lo utilizó al revés. La risa que me entró cuando me contó que era una estafa, ¡y no notó nada! ¡Más rígido que un palo y encima pequeño! Seguro que tú también tienes alguna anécdota o conoces a alguna amiga a la que le ha pasado algo divertido con su Satisfayer. Podríamos escribir otro libro.

2 La ciencia detrás del placer

No te preocupes, no te abrumaré con términos científicos complicados. En este capítulo explicaré de manera divertida cómo funciona el Satisfayer y cómo puede llevarte al éxtasis en cuestión de minutos, desde las ondas sónicas hasta los diferentes modos de vibración, te enseñaré todo lo que necesitas saber para sacarle el máximo provecho a esta pequeña maravilla.

Todo lo que necesitas saber para sacarle el máximo provecho a esta pequeña maravilla

Recuerdo que, cuando lo vi físicamente en la tienda, parecía más un limpiador facial que un succionador de clítoris. En ese momento se llamaba solo Satisfyer (aunque yo lo llamo Satisfayer porque me gusta más), ni Pro ni Penguin o Traveler. Pero no me llamó la atención. Sin embargo, tenía la mosca detrás de la oreja y empecé a documentarme en Internet, pues de momento no tenía ninguna amiga que se hubiera comprado uno.

El Satisfayer es un estimulador por ondas de presión. Son pequeños golpecitos muy rápidos y profundos. ¿Profundos? Sí, sí, profundos. Vamos, eso dice Internet. La mayoría de los estimuladores que había en el mercado usaban una frecuencia muy aguda y solo estimulaban la parte superficial. En el caso del Satisfayer se estimula desde el glande hasta la crural; es decir, hasta lo más profundo, al crear un efecto vacío que puede parecer una succión, pero ¡no!

Todo el mundo conoce lo que es el Satisfayer, pero poco se habla de su creador, pues bien, fue el señor Michael Lenke quien, en el año 2012, empezó a interesarse por el orgasmo femenino. Este señor tan listo se dio cuenta de que en el mercado no existían juguetes sexuales para estimular el clítoris. Así pues, en el 2014 desarrolló el Womanizer, que fue el primer modelo de succionador de clítoris que se lanzó al mercado. Este utilizaba una innovadora tecnología compuesta por una válvula de succión de aire que estimulaba completamente todas las terminaciones nerviosas del clítoris. La tecnología fue patentada por el alemán con el nombre de *Pleasure Air Techonology*.

El modelo Womanizer fue el primero, pero su precio era muy elevado, entre setenta y doscientos euros, dando paso en 2014 a su versión *low-cost* el Satisfyer, el cual supuso una auténtica revolución en el mercado de los juguetes eróticos para mujeres. Aparte de una potente campaña de *marketing*. ¡Venga!, ya sabes un poquito más de la historia de tu mejor amigo.

3

Aventuras y desventuras con el Satisfayer

Este capítulo está lleno de anécdotas personales y divertidas, en las que te contaré mis experiencias (¡y tropiezos!) al utilizar el Satisfayer. Desde situaciones embarazosas hasta encuentros inesperados, te aseguro que no podrás contener la risa mientras te identificas con mis peripecias y descubres que no estás sola en esta aventura de autoplacer.

A ver cómo lo explico... La primera vez que lo probé tenía unas expectativas tan altas que no me convenció mucho: me hacía más cosquillas que otra cosa, y no pude tenerlo ni más de medio segundo, imposible. La segunda vez, pensé: vamos a probar otra cosa, en el agua. Me preparé un baño con sus sales y su incienso y música, y, ¡oye!, ya me empezó a gustar la cosa, tanto que estuve metida una hora en la bañera. Sí, ya lo sé. Segundo mandamiento del Satisfayer: *No usarás tu Satisfayer en exceso.*

En otro capítulo os dejaré los Diez Mandamientos que me vinieron de lujo para llevarme bien con mi mejor amigo, el Satisfayer. ¿Por dónde iba? Ah, sí, en la bañera metida más de una hora... Pues ya te puedes imaginar, además de todo lo arrugada que salí, mi Satisfayer se ahogó, literalmente. Pensé, pero si pone que es resistente al agua, pero, claro, más de una hora no sé yo... Total, que por vergüenza lo dejé en el armario y no le dije nada a mi marido. Aún era como un tema tabú en casa, era como el otro, ya me entendéis.

Sí, tabú y desconfianza, era como si le estuviera siendo infiel a mi marido. Cuando le dije que me había comprado el Satisfayer, cada día me preguntaba: «¿Qué? ¿Cuántas veces lo has utilizado hoy? ¿En quién pensabas? Mujer, en alguien tienes que pensar, ¿no? Oye, ¿no será malo ese aparato?». Total, que yo siempre le decía alguna mentirijilla porque me daba vergüenza. Sí, eso es otra cosa: a las mujeres nos da vergüenza hablar de nuestra propia sexualidad y más aún de la masturbación femenina. En cambio, los hombres alardean de cuántas veces se masturban o se pasan vídeos por WhatsApp de mujeres con *unas tetorras*, y nosotras, sus mujeres, lo vemos incluso normal:

que estén todo el día pasándose vídeos guarros. Bueno, debo decir que mi marido no pasa ningún vídeo, son los otros amigos del grupo de «Quién la tiene más grande» los que los pasan todos los días. La verdad es que mi marido nunca le ha visto nada gracioso a pasar esos vídeos y los ignora. Pero cuando empezó a interrogarme por el tema del Satisfayer, lo vi un pelín celoso, sobre todo cuando lo probamos por primera vez juntos y vio que tenía un ORGASMO en mayúsculas y que él nunca me había hecho sentir eso. Vamos, creo recordar un par de veces, pero por *casualidad,* con unas posturas nuevas que probamos un día, pero luego intentamos probarlo otra vez y nada, no había manera de llegar al «rayo», como lo bautizamos.

Nunca antes había sentido un orgasmo de esa magnitud, expandido por todo mi cuerpo y que durase tanto. Y pensé: «Madre mía, qué me he perdido todos estos años. Esto es brutal y de otra galaxia». Ahí me di cuenta de que somos energía al cien por cien, pero, claro, en el afán de buscar otro *rayo* me obsesionaba y me bloqueaba, qué pena. Empecé a buscar por Internet y por fin descubrí qué rayos es un **coregasmo** (y cómo tener uno). Os explico, los *coregasmos* son orgasmos expandidos u orgasmos inducidos por el ejercicio, y por lo general suceden cuando haces ejercicios para el *core.* Los coregasmos se extienden hasta tu abdomen bajo y piernas.

Se sienten muy diferentes al orgasmo vaginal y se parecen más al orgasmo clitoriano. Para mí, son mucho más intensos que un orgasmo sexual, pero mi *rayo*, mi experiencia, fue una cosa fuera de lo normal, una expansión por todo mi cuerpo que no paraba. Aún estoy investigando en Internet y creo que lo que me pasó fue un orgasmo tántrico. Estoy leyendo sobre el tema, y resumiendo mucho, se trata de un orgasmo que activa la corriente erótica. Si queréis saber más, os recomiendo la lectura del libro *Orgasmo tántrico para mujeres* de Diana Richardson.

Pero, bueno, no hemos venido aquí a analizar mis orgasmos, sino a hablar del Satisfayer, que sin duda es lo más parecido a mi querido *rayito* y mucho más rápido de conseguir. En el capítulo 5 os daré algunos detalles más sobre el sexo tántrico, y aquí continúo con mi relato: Así que después de ahogar literalmente a mi mejor amigo, se lo tuve que contar a mi marido porque no paraba de insistir en que utilizásemos el Satisfayer juntos y... Con toda la vergüenza del mundo y roja como un tomate, tuve que reconocerle que me lo había cargado. ¡Suerte que tengo un manitas en casa, BricoMan, y me lo arregló en un periquete!, así que ya no tenía excusas y empezamos a *invitar* a mi amigo Satisfayer a nuestras escapadas románticas Y así fue que nos dimos cuenta de que nos gustaba más jugar y masturbarnos mutuamente que el simple hecho de la penetración. Descubrimos un mundo donde los tres teníamos cabida, de ahí el refrán de: «Si no puedes con tu enemigo, únete a él», y cuánta razón lleva. Así que nos unimos a él, y, ya sabes, ¡lo que Dios ha unido, que no lo separe tu Satisfayer! Así que mi consejo es incluir a tu pareja: es lo más.

He de reconocer que desde que utilizo el Satisfayer, hemos contribuido a la subida en bolsa de la marca de pilas Duracell (je, je). Lo sé, tengo que comprarme el que va con USB, pero es que le tengo mucho afecto a mi Satisfayer y de momento funciona bien, si no lo *ahogo* en la bañera (je, je).

4

El arte de dominar el Satisfayer!

Aquí es donde las risas se combinan con consejos prácticos. Te guiaré a través de diferentes técnicas para disfrutar al máximo del Satisfayer. Te enseñaré trucos, posiciones y cómo combinarlo con otros juguetes para alcanzar niveles de placer que nunca imaginaste. Todo contado de manera divertida y amena, para que te sientas cómoda y lista para experimentar.

Bueno, ya hemos repasado en los anteriores capítulos todo lo que creo que te puede interesar sobre este milagro, pero ahora viene lo mejor: ¡¡la práctica!!

Cada mujer es un mundo, pero te voy a explicar las posturas que a mí me van geniales para jugar y sacarle el máximo partido a mi Satisfayer. Ahí vamos:

1. La postura de pie:

Te aconsejo que te apoyes en una pared porque es una postura peligrosa y puedo asegurarte que, si no tienes un punto de seguridad, puedes caerte. ¡¡Pero de placer!! De pie, con las piernas cruzadas, empieza a jugar con tu Satisfayer. Es una postura que nunca falla y resulta superefectiva.

2. La postura del perro tumbado:

Con esta postura tendrás una gran profundidad en la penetración mientras tú mantienes firme tu Satisfayer con la mano. Esta postura es tan placentera que tal vez tu pareja necesite algún truco extra para durar más en el sexo, si no, en pocos minutos culminaréis en el clímax los dos.

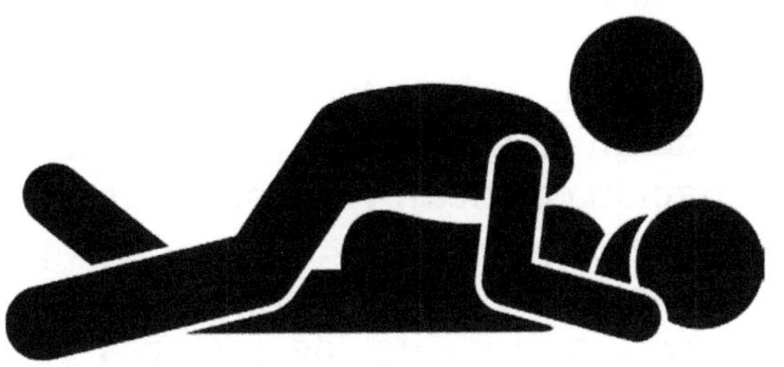

3. La postura de la catarata:

Sentada a horcajadas encima de tu pareja, con ella situada en el borde de la cama, con la cabeza colgando, pero sin llegar a caerse, así le llegará toda la sangre a la cabeza, creando unas sensaciones alucinantes en el momento del orgasmo. Mientras te penetra, tú succionas tu clítoris con el Satisfayer. Es una de las posturas más placenteras del *Kamasutra* y, si lo combinas con tu juguete, aún más. Nota: Cuidado, no te cargues a tu pareja con esta postura.

4. La postura de la vaquera:

Donde habrá estimulación del punto G, estimulación del clítoris con tu Satisfayer y estimulación cervical. Vamos, aquí seguro que te viene un *megarayo*, ya que es una postura en la que la mujer puede controlar su orgasmo. La vaquera es una de las mejores posturas sexuales, ya que permite una variedad de vistas y sensaciones. Mi marido y yo utilizamos mucho esta postura sin penetración, solo rozándonos con nuestros puntos para dar placer a nuestros sexos. Es brutal como preliminares e incluso para llegar al orgasmo ambos sin penetración. Os aconsejo utilizar lubricante para que resbale, ya me entendéis.

5. La postura del misionero:

Esta es una posición clásica que permite una estimulación adicional con el Satisfayer. La persona que lleva el Satisfayer puede mantenerlo sobre el clítoris mientras la otra persona penetra o se mueve hacia adelante y hacia atrás.

6. La postura de la cuchara:

Ambos os podéis acostar de costado, uno detrás del otro. La persona que lleva el Satisfayer lo mantiene en su lugar y luego ambos pueden moverse juntos, permitiendo una estimulación simultánea del clítoris durante la penetración.

7. La postura de la vaquera invertida:

La persona que lleva el Satisfayer puede sentarse en una silla, o en el borde de la cama, mientras que la otra persona se coloca sobre ella de espaldas, de frente al Satisfayer. Ambos pueden controlar los movimientos y la intensidad de la estimulación.

8. La postura del perrito:

La persona que lleva el Satisfayer puede utilizarlo mientras está a cuatro patas, y la otra persona puede penetrarla desde atrás o estimular otras zonas erógenas al mismo tiempo.

9. La postura de la amazona con estimulación extra:

En la posición de la amazona, tu pareja puede sentarse sobre ti mientras controla la intensidad y el ritmo de la estimulación con el Satisfayer. Esta posición permite mantener el contacto visual y experimentar una excitación intensa.

10.

Podría estar escribiendo páginas explicando todas las posturas del *Kamasutra* y lo que podéis hacer, pero es mejor que lo vayáis experimentando vosotras con vuestra pareja, innovar, atreveros. Solo un último consejo que a mí me mola mucho, no sé si a vosotras: hacerle una felación mientras te masturbas tú misma con el Satisfayer, tumbada en la cama o sofá y él de rodillas a tu lado. Este es nuestro top 1.

Recuerda que la clave para disfrutar al máximo de estas experiencias es la comunicación abierta y el consentimiento mutuo. Cada pareja es diferente, así que asegúrate de adaptar estas posturas según vuestras preferencias y comodidad. Además, no olvidéis seguir las instrucciones de uso y seguridad del Satisfayer para disfrutar de la experiencia de manera segura y placentera.

Lo dicho, nadie nace enseñado, así que lo mejor es practicar y practicar, y dejar correr la imaginación. Te sorprenderá la de posturas que inventaréis sin leer ningún manual, te digo por experiencia.

5

Más allá del Satisfayer

Aunque el Satisfayer es un juguete increíble, hay muchas otras formas de experimentar placer y autodescubrimiento. En este capítulo, exploraremos diferentes prácticas y herramientas que puedes incorporar a tu vida sexual, tanto en solitario como en pareja. Desde la meditación hasta los juegos de roles, descubrirás nuevas formas de explorar tu sexualidad y empoderarte como mujer.

Meditación Orgásmica

Empecemos por la Meditación Orgásmica, una corriente sexual que te llevará a lo más alto.

La Meditación Orgásmica te da la oportunidad de disfrutar el camino hacia tu clímax, poniendo todo el énfasis en los minutos previos a esta culminación.

Si bien hay estudios que respaldan que el recorrido que antecede al clímax es más placentero que el orgasmo mismo, la meditación orgásmica ha generado tanta expectación que se ha creado un mercado a su alrededor, cursos, etc. Todo puro *marketing* que genera el efecto contrario, y la gente desconfía.

Es un método que promete llevar el orgasmo femenino a su máxima expresión basándose en tres dimensiones esenciales: el tiempo, el ambiente y el tacto.

En definitiva, se trata de que tu pareja o tú misma acariciéis el clítoris con la firmeza con la que lo harías con tu párpado, durante quince minutos y en un ambiente de relajado, donde ambos podáis sentiros a gusto y entregaros al acto sexual.

Esta técnica fue creada por Nicole Daedone, autora del libro *Sexo lento: el arte y la artesanía del orgasmo femenino*; y Robert Kandell, empresario, filántropo y escritor, quienes en 2004 fundaron los centros de retiro One Taste en California (EE. UU.). Dicha comunidad enseña cursos y realiza charlas, entre otras actividades, combinando técnicas como el yoga, la meditación y el orgasmo, a través de la conexión entre el *mindfulness*, las caricias y el placer.

Cómo empezar con este método, te lo cuento:

1. Ambas personas deben recostarse sobre la cama o sofá, dentro de una habitación con un ambiente cómodo y relajante.

2. Necesitarás un temporizador, una toalla y un lubricante.

3. Te tienes que acostar boca arriba en una posición cómoda.

4. Pondrás un temporizador por 13 minutos y otro por 2 minutos más.

5. Tu pareja empezará a acariciarte e irá describiendo lo que ve a su alrededor, en cuanto a color, textura, ubicación, contraste, para hacer de esta una experiencia más vívida y centrada en el aquí y ahora.

6. Tu pareja en ese momento se pondrá lubricante en los dedos.

7. Te tiene que preguntar si estás listas para empezar y, después de tu consentimiento verbal, comenzará a tocarte la zona del clítoris.

8. Los primeros 13 minutos son dedicados al placer y excitación: tu pareja deberá acariciar el cuadrante superior izquierdo del clítoris de arriba abajo, estimulando el área y siguiendo las recomendaciones de la mujer.

9. Los 2 minutos restantes son para relajarte: se aplicará presión sobre el área genital con la mano, y luego se darán suaves golpes hacia abajo, de modo de volver al estado inicial.

10. Poco a poco se irán retirando los dedos. Posteriormente, con la toalla, se eliminará el lubricante de los genitales ¡y listo!

Esta información tan bien explicada la encontré en Internet mientras buscaba profundizar más sobre la Meditación Orgásmica.

Te recomiendo que leas estos libros si quieres saber más sobre este tema:

- *Slow Sex: el arte y el oficio del orgasmo femenino* – Autora: Nicole Daedone.
- *Orgasmo tántrico para mujeres* – Autora: Diana Richardson.
- *Tal como eres* – Autora: Emily Nagoski.

Juegos de roles y fantasías eróticas

Te recomiendo que compartas tus fantasías eróticas con tu pareja. Prepara dos copas de vino, sentaos relajadamente uno frente al otro en el sofá y pídele que te cuente sus fantasías sexuales. Luego menciónale las tuyas, sin miedo, ya sé que puede intimidar hablar con tu pareja de estos temas, que aún son tabú en nuestra sociedad, pero tenemos que empezar a poder conversar de sexo sin miedo y sin tapujos, con total libertad. Es esencial hablar de sexo como algo natural, sin que te digan que eres una salida o un salido. Las fantasías son normales y todo el mundo las tiene. Hablar de esto con tu pareja puede ser una gran aportación a los preliminares, creando una mayor conexión y confianza entre los dos.

Tenéis que compartir vuestros sentimientos sin sentiros juzgados, piensa que tu pareja es alguien en quien confías y a quien respetas, y ella debería mostrarte lo mismo.

Si esta idea te aterra, envíale un *wasap* explicándole con detalle tu fantasía erótica, seguro que se calientan los motores rápidamente.

Los juegos de roles pueden incorporar diferentes dinámicas de poder. Este tipo de juego de rol sexual estimula siempre a varias personas. Por ejemplo, como nosotros de policía sexi y presidiario, ¿te acuerdas? Se puede incorporar un castigo leve para cualquier comportamiento travieso en este tipo de escenarios.

También podéis elegir roles basándoos en vuestros personajes favoritos: como Batman y Catwoman, por ejemplo. Estos roles requieren disfrazarse para la ocasión, te sorprenderá la cantidad y variedad de disfraces que hay en el mercado.

Útilmente, podemos encontrar en las plataformas de TV, como Netflix, series que hablan sin tapujos de temas sexuales. La última en estrenarse en 2023 ha sido *El año en que empecé a masturbarme*, una comedia picante sobre una mujer de unos cuarenta que tiene que replantearse su vida cuando rompe con su pareja. Muy divertida. ¡Os la recomiendo!

O la exitosa serie española *Las últimas de la fila*, donde cinco mujeres amigas desde el colegio, por circunstancias especiales y dramáticas, escriben en unos papelitos las cosas que les gustaría hacer antes de morir y nunca han hecho. Fíjate, siempre sale una fantasía erótica. Piénsatelo bien, si fuese tu último día de vida, ¿qué te gustaría hacer o probar antes de morir? Haz una lista, te sorprenderá.

Descubre tu poder interior

En el camino hacia el empoderamiento personal, una de las claves más importantes es aprender a descubrir y cultivar tu poder interior como mujer. A menudo, hemos sido condicionadas por la sociedad a subestimar nuestras capacidades y creer que no somos lo suficientemente fuertes o competentes. Pero la verdad es que todas las mujeres llevamos un poderoso potencial dentro de nosotras, solo debemos aprender a reconocerlo y nutrirlo.

1. Conócete a ti misma:

El primer paso para empoderarte como mujer es conocer quién eres en realidad. Tómate el tiempo para reflexionar sobre tus fortalezas, tus valores y tus metas en la vida.

Conecta contigo misma a través de la meditación, la escritura o cualquier actividad que te permita explorar tus pensamientos y emociones más íntimas. Cuanto más te entiendas a ti misma, más fácil te será aprovechar tu poder interior.

2. Cuida de ti misma:

El empoderamiento comienza con el autocuidado. Asegúrate de dedicar tiempo y energía a satisfacer tus necesidades físicas, emocionales y espirituales. Esto puede implicar establecer límites saludables, aprender a decir «no» cuando sea necesario y priorizar tu bienestar en todos los aspectos de tu vida. Recuerda que eres valiosa y mereces cuidarte a ti misma tanto como cuidas de los demás.

3. Afronta tus miedos:

El miedo puede ser uno de los mayores obstáculos para el empoderamiento. A menudo nos impide asumir riesgos, perseguir nuestras metas y expresar nuestra verdadera voz. Aprende a reconocer tus miedos y enfrentarlos de manera valiente. Desafía tus propias limitaciones y date permiso para equivocarte.

Recuerda que cada error es una oportunidad para aprender y crecer.

4. Busca apoyo en otras mujeres:

El empoderamiento no significa estar sola en tu camino. Busca comunidades de mujeres que compartan tus intereses y valores. Encuentra mentoras que te inspiren y te brinden orientación. El apoyo de otras mujeres puede ser invaluable para fortalecer tu confianza y encontrar el coraje para perseguir tus sueños. Juntas podemos elevarnos mutuamente y romper barreras.

5. Celebra tus logros:

A medida que te empoderes como mujer no olvides celebrar tus logros por pequeños que sean. Reconoce tus éxitos y date permiso para sentirte orgullosa de ti misma. Cada paso adelante cuenta y merece ser reconocido. Aprende a ser tu propia fan número uno y a celebrar tu fuerza, resiliencia y determinación.

Recuerda que el empoderamiento es un proceso continuo y personal.

No hay una fórmula mágica para alcanzarlo, pero cada paso que tomes hacia la autoaceptación, la confianza y la autorrealización te llevará más cerca de descubrir y empoderar tu poder interior como mujer. Permítete ser audaz, auténtica y valiente, porque tienes el potencial de crear un cambio significativo en tu vida y en el mundo que te rodea. ¡Nunca subestimes el poder de una mujer empoderada!

6

Te lo dije. Los diez mandamientos del Satisfayer

Aquí tienes los diez mandamientos que tienes que saber sí o sí para disfrutar al máximo de tu Satisfayer.

1. Amarás a tu Satisfayer sobre todas las cosas.

2. No usarás tu Satisfayer en vano, ¡dale un descanso de vez en cuando!

3. Santificarás las baterías para que nunca te dejen colgado(a) en el momento equivocado o utiliza pilas recargables, o el nuevo modelo y adiós a las pilas.

4. Honrarás y respetarás las instrucciones de limpieza, porque nadie quiere un Satisfayer

cochino y que tengas que ir al médico por alguna infección. Más vale prevenir que curar.

5. No robarás el Satisfayer de tu mejor amiga, a menos que quieras enfrentar la ira de la amistad rota.

6. No cometerás actos de Satisfayer en público, ¡guarda esos momentos para la privacidad!

7. No codiciarás el Satisfayer del vecino, a menos que estén dispuestos a compartirlo (¡consentimiento siempre!).

8. No te avergonzarás de tus gustos y preferencias, todos tenemos nuestras formas de encontrar la felicidad.

9. No usarás el Satisfayer como arma de venganza, ¡mantén la paz en la tierra del placer!

10. No olvidarás cargarlo antes de una sesión de placer, porque nada arruina más el momento que una batería agotada, eso si no lleva pilas.

Recuerda: *Estos mandamientos son solo una versión divertida y no deben tomarse en serio. La clave es siempre disfrutar de tu sexualidad de una manera segura y consensuada.*

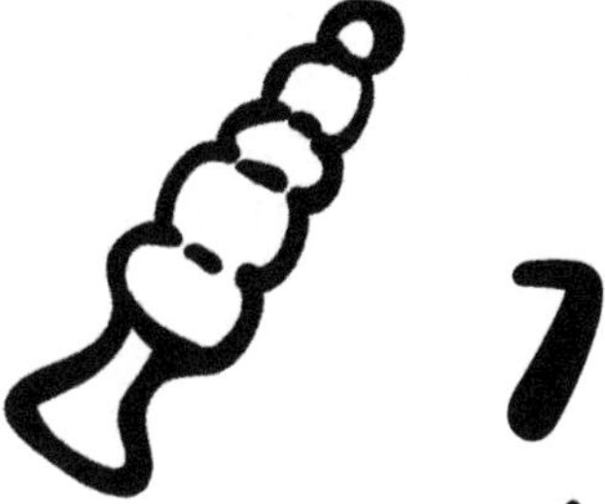

7

Aquí tienes tu manual resumido

¿A qué ya estabas esperando este momento? Pues aquí lo tienes: un manual fácil y sencillo para utilizar correctamente el Satisfayer.

¡Corre a disfrutarlo!

El Satisfayer es una herramienta increíble para explorar tu sexualidad y experimentar sensaciones intensas. Antes de comenzar, asegúrate de que tu Satisfayer esté completamente cargado y listo para la acción. ¡La excitación está a punto de despegar!

Paso 1: Preparación

La higiene es importante, así que asegúrate de que tu Satisfayer esté limpio antes de usarlo. Lávalo con agua tibia y jabón suave, y sécalo cuidadosamente. También puedes utilizar un limpiador de juguetes sexuales para una limpieza extra.

Recuerda: *¡Un Satisfayer limpio es un Satisfayer feliz!*

Paso 2: Ambiente adecuado

Elige un lugar cómodo y relajante para utilizar tu Satisfayer. Puedes crear una atmósfera sensual con velas, música suave o incluso una película sexi.

Recuerda: *¡La clave es disfrutar de un tiempo a solas contigo misma!*

Paso 3: La clave es la lubricación

La lubricación es fundamental para una experiencia placentera. Asegúrate de utilizar un lubricante a base de agua para evitar dañar el material del Satisfayer.

Recuerda: *¡No escatimes en lubricante! Aplica generosamente para un deslizamiento suave y delicioso.*

Paso 4: Experimenta con las configuraciones

El Satisfayer tiene diferentes configuraciones de intensidad y patrones de vibración. Tómate tu tiempo para explorar y descubrir cuáles son tus favoritos. *¡Es como tener tu propio DJ del placer!* Experimenta con diferentes ritmos y velocidades hasta encontrar la combinación perfecta que te haga vibrar de placer.

Paso 5: ¡Vamos a la acción!

Coloca suavemente el cabezal del Satisfayer alrededor del clítoris y enciéndelo. *¡Prepárate para despegar hacia la felicidad!* Comienza con una configuración suave y ve aumentando gradualmente la intensidad según tus preferencias.

Recuerda: *No te apresures, tómate tu tiempo y disfruta del viaje.*

Paso 6: Explora nuevas fronteras

El Satisfayer no se limita solo al clítoris. Puedes explorar otras zonas erógenas de tu cuerpo como los pezones, los labios o incluso el perineo. Siente el placer en cada rincón de tu cuerpo y descubre nuevas formas de disfrutar.

Paso 7: Después de la Fiesta

Cuando hayas alcanzado el clímax celestial, es hora de apagar el Satisfayer y relajarte. Disfruta de la sensación de bienestar y relajación que seguirá a tus momentos de éxtasis.

Recuerda: *No olvides limpiar bien tu Satisfayer después de usarlo y guárdalo en un lugar seguro para tu próxima aventura.*

¡Y eso es todo, amigas!

Conclusión: Llegamos al final de este hilarante y educativo viaje al mundo del Satisfayer. Espero que hayas disfrutado de las anécdotas, los consejos y, sobre todo, de las risas. Recuerda: El placer sexual es algo hermoso y natural, y mereces explorarlo sin miedo ni vergüenza. ¡Así que adelante, diviértete y vive tu mejor vida sexual con el Satisfayer como tu aliado!

¡Satisfacción garantizada!

Nota: Este libro es ficticio o no... y fue creado para crear un manual fácil y ameno de leer, de manera humorística y entretenida. No es un manual real ni pretende proporcionar asesoramiento médico o sexual. Siempre consulta fuentes confiables y profesionales en caso de necesitar información seria y precisa sobre salud sexual.

Miss Satisfayer

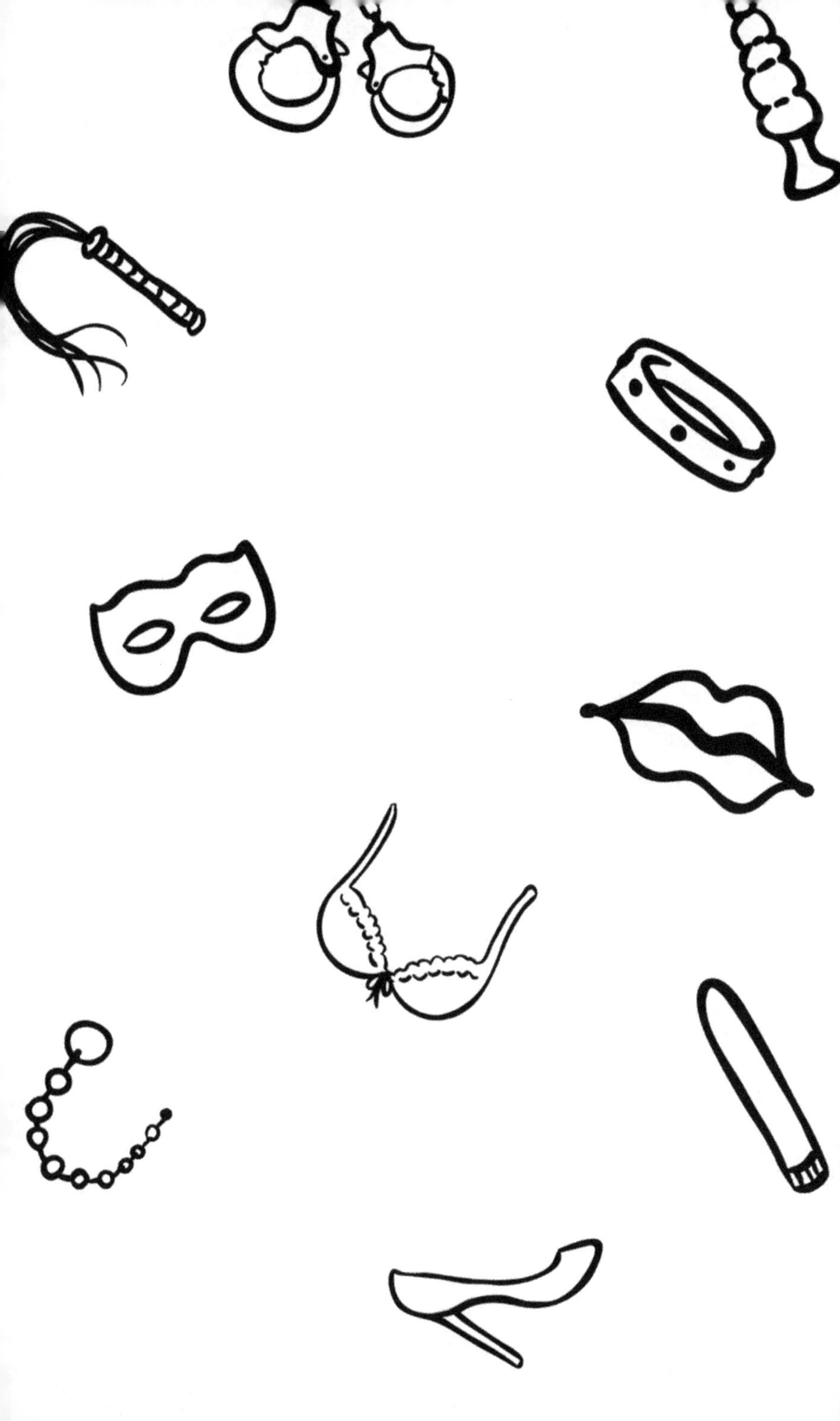

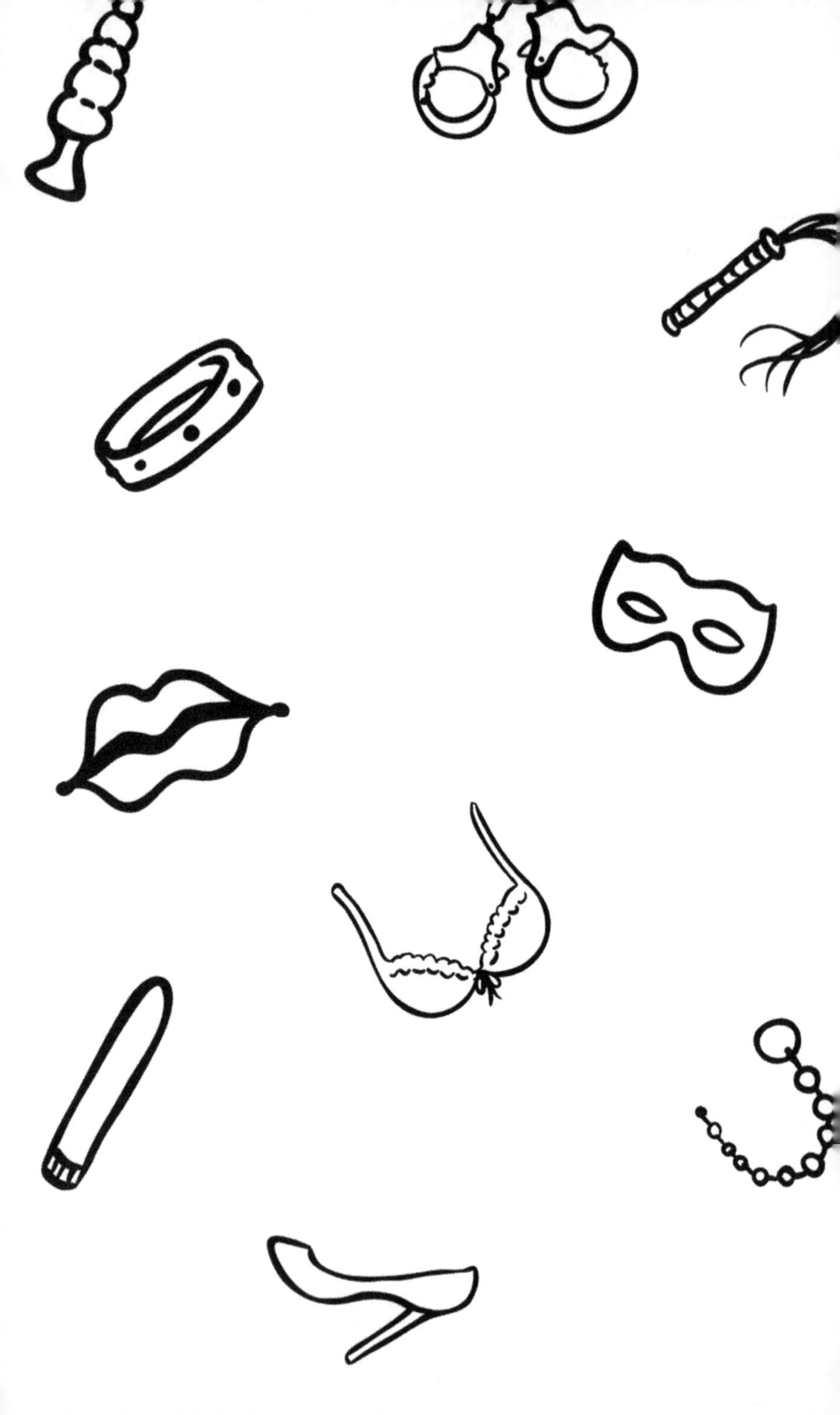

www.ingramcontent.com/pod-product-compliance
Ingram Content Group UK Ltd.
Pitfield, Milton Keynes, MK11 3LW, UK
UKHW021934190726
13853UKWH00004B/1437